MANUAL
DO
GUERREIRO DA LUZ

Oh, Maria, concebida sem pecado, rogai por nós que recorremos a Vós. Amém.

Paulo Coelho

MANUAL DO GUERREIRO DA LUZ

Rocco

Rio de Janeiro – 2003

Direitos desta edição reservados à
EDITORA ROCCO LTDA.
Rua Rodrigo Silva, 26 - 4º andar
20011-040 – Rio de Janeiro, RJ
Tel.: 2507-2000 – Fax: 2507-2244
e-mail: rocco@rocco.com.br
www.rocco.com.br

Printed in Brazil/Impresso no Brasil

CIP-Brasil. Catalogação-na-fonte.
Sindicato Nacional dos Editores de Livros, RJ.

C619m Coelho, Paulo, 1947
Manual do Guerreiro da Luz/Paulo Coelho. – Rio de Janeiro: Rocco, 2003

ISBN 85-325-1545-2

1. Crônica brasileira. 2. Meditações. I. Título.

CDD – 869.98
03-0324 CDU – 821.134.3 (81)-8

Seus filhos não são seus filhos; são filhos e filhas da vida. Vieram através de vocês, mas não lhes pertencem.

Podem dar seu amor, mas não seus pensamentos – porque eles têm seus próprios sonhos.

Podem proteger seus corpos, mas não suas almas – porque suas almas habitam na casa do amanhã, que mesmo em sonho vocês não podem visitar.

Podem tentar ser como eles, mas não tentem fazer com que se comportem como vocês; porque a vida não retrocede, nem se deixa seduzir pelo dia de ontem.

Vocês são o arco onde seus filhos, como flechas vivas, são impulsionados para adiante; deixem que a mão do Arqueiro trabalhe, porque assim como Ele ama a flecha que voa, também ama o arco, que permanece estável.

KHALIL GIBRAN, *O profeta*

Para S.I.L.,
Carlos Eduardo Rangel
e Anne Carrière,
mestres no uso do
rigor e da compaixão

"Não existe discípulo superior ao mestre. Todo discípulo perfeito deverá ser como o mestre."

Lucas, 6:40

Prólogo

"Na praia a leste da aldeia existe uma ilha, com um gigantesco templo, cheio de sinos", disse a mulher.

O menino reparou que ela vestia roupas estranhas, e tinha um véu cobrindo os cabelos. Nunca a vira antes.

"Você já viu este templo?", perguntou ela. "Vá lá e me conte o que acha dele."

Seduzido pela beleza da mulher, o menino foi até o lugar indicado. Sentou-se na areia e olhou o horizonte, mas não viu nada além do que estava acostumado a ver: o céu azul e o oceano.

Decepcionado, caminhou até um povoado de pescadores vizinho, e perguntou sobre uma ilha com um templo.

"Ah, isto foi há muito tempo, no tempo em que os meus bisavós moravam por aqui", disse um velho pescador. "Houve um terremoto, e a ilha afundou no mar. Entretanto, embora já não possamos mais ver a ilha, ainda conseguimos escutar os sinos do seu templo, quando o mar os faz balançar lá no fundo."

O menino voltou para a praia, e tentou escutar os sinos. Passou a tarde inteira ali, mas só conseguiu ouvir o ruído das ondas e os gritos das gaivotas.

Quando a noite chegou, seus pais vieram buscá-lo. Na manhã seguinte, ele voltou à praia; ele não podia acreditar que uma bela mulher pudesse contar mentiras. Se algum dia ela voltasse, poderia dizer que não vira a ilha, mas escutara os sinos do templo, que o movimento da água fazia tocar.

Assim se passaram muitos meses; a mulher não voltou, e o garoto a esqueceu; agora estava convencido de que precisava descobrir as riquezas e tesouros do templo submerso. Se escutasse os sinos, saberia sua localização, e poderia resgatar o tesouro ali escondido.

Já não se interessava mais pela escola, nem pela sua turma de amigos. Transformou-se no gracejo preferido das outras crianças, que costumavam dizer: "Ele não é mais como nós. Prefere ficar olhando o mar, porque tem medo de perder nos jogos."

E todos riam, vendo o menino sentado à beira da praia.

Embora não conseguisse escutar os velhos sinos do templo, o menino ia aprendendo coisas diferentes. Começou a perceber que, de tanto ouvir o ruído das ondas, já não se deixava distrair por elas. Pouco tempo depois, acostumou-se também com os gritos das gaivotas, o zumbido das abelhas, o vento batendo nas folhas das palmeiras.

Seis meses depois de sua primeira conversa com a mulher, o menino já era capaz de não se deixar distrair por nenhum barulho – mas tampouco escutava os sinos do templo afundado.

Outros pescadores vinham falar com ele, e insistiam: "Nós ouvimos!", diziam.

Mas o garoto não conseguia.

Algum tempo depois, os pescadores mudaram de conversa: "Você está muito preocupado com o barulho dos sinos lá embaixo; deixe isto para lá e volte a brincar com seus amigos. Talvez apenas os pescadores consigam escutá-los".

Depois de quase um ano, o menino pensou: "Talvez estes homens tenham razão. É melhor crescer, tornar-me pescador, e voltar todas as manhãs para esta praia, porque passei a gostar dela." E pensou também:

"Talvez isto tudo seja uma lenda, e – com o terremoto – os sinos se tenham quebrado e jamais tornem a tocar."

Naquela tarde, resolveu voltar para casa.

Aproximou-se do oceano, para despedir-se. Olhou mais uma vez a natureza, e – como já não estava mais preocupado com sinos – pôde sorrir com a beleza do canto das gaivotas, o barulho do mar, o vento batendo nas folhas das palmeiras. Escutou ao longe a voz de seus amigos brincando, e sentiu-se alegre por saber que logo estaria de volta aos jogos de sua infância.

O menino estava contente, e – da maneira que só uma criança sabe fazer – agradeceu por estar vivo. Tinha certeza de que não perdera o seu tempo, pois aprendera a contemplar e reverenciar a Natureza.

Então, porque escutava o mar, as gaivotas, o vento, as folhas das palmeiras, e as vozes de seus amigos brincando, ouviu também o primeiro sino.

E outro.

E mais outro, até que todos os sinos do templo afundado tocaram, para a sua alegria.

Anos depois – já um homem – ele voltou à aldeia e à praia da sua infância. Não pretendia resgatar nenhum tesouro do fundo do mar; talvez aquilo tudo fosse fruto de sua imaginação, e jamais escutara os sinos submersos numa tarde perdida da sua infância. Mesmo assim, resolveu passear um pouco, para ouvir o barulho do vento e o canto das gaivotas.

Qual não foi sua surpresa ao ver, sentada na areia, a mulher que lhe falara da ilha com seu templo.

"O que faz aqui?", perguntou.

"Esperava você", respondeu ela.

Ele reparou que – embora muitos anos já se tivessem passado – a mulher conservava a mesma aparência; o véu que escondia seus cabelos não parecia desbotado pelo tempo.

Ela estendeu-lhe um caderno azul, com as folhas em branco.

"Escreve: um guerreiro da luz presta atenção nos olhos de uma criança. Porque elas sabem ver o mundo sem amargura. Quando ele deseja saber se a pessoa ao seu lado é digna de confiança, procura ver como uma criança a olha."

"O que é um guerreiro da luz?"

"Você sabe", respondeu ela, sorrindo. "É aquele que é capaz de entender o milagre da vida, lutar até o final por algo em que acredita, e – então – escutar os sinos que o mar faz tocar em seu leito."

Ele jamais se julgara um guerreiro da luz. A mulher pareceu adivinhar seu pensamento: "Todos são capazes disto. E ninguém se julga guerreiro da luz, embora todos sejam."

Ele olhou as páginas do caderno. A mulher sorriu de novo.

"Escreve sobre o guerreiro", ela disse.

MANUAL
DO
GUERREIRO DA LUZ

Um guerreiro da luz nunca esquece a gratidão.

Durante a luta, foi ajudado pelos anjos; as forças celestiais colocaram cada coisa em seu lugar, e permitiram que ele pudesse dar o melhor de si.

Os companheiros comentam: "Como tem sorte!" E o guerreiro às vezes consegue muito mais do que sua capacidade permite.

Por isso, quando o sol se põe, ajoelha-se e agradece o Manto Protetor a sua volta.

Sua gratidão, porém, não se limita ao mundo espiritual; ele jamais esquece os amigos, porque o sangue deles se misturou ao seu no campo de batalha.

Um guerreiro não precisa que ninguém lhe recorde a ajuda dos outros; ele se lembra sozinho, e divide com eles a recompensa.

Todos os caminhos do mundo levam ao coração do guerreiro; ele mergulha sem hesitar no rio de paixões que sempre corre por sua vida.

O guerreiro sabe que é livre para escolher o que desejar; suas decisões são tomadas com coragem, desprendimento e – às vezes – com uma certa dose de loucura.

Aceita suas paixões e as desfruta intensamente. Sabe que não é preciso renunciar ao entusiasmo das conquistas; elas fazem parte da vida e alegram a todos que delas participam.

Mas jamais perde de vista as coisas duradoras, e os laços criados com solidez através do tempo.

Um guerreiro sabe distinguir o que é passageiro e o que é definitivo.

Um guerreiro da luz não conta apenas com suas forças; usa também a energia do seu adversário.

Ao iniciar o combate, tudo que ele possui é o seu entusiasmo, e os golpes que aprendeu enquanto treinava; à medida que a luta avança, descobre que o entusiasmo e o treinamento não são suficientes para vencer: é preciso experiência.

Então ele abre seu coração para o Universo, e pede a Deus para inspirá-lo, de modo que cada golpe do inimigo seja também uma lição de defesa para ele.

Os companheiros comentam: "Como é supersticioso. Parou a luta para rezar, e respeita os truques do adversário."

O guerreiro não responde a estas provocações. Sabe que, sem inspiração e experiência, não há treinamento que dê resultado.

Um guerreiro da luz jamais trapaceia; mas sabe distrair seu adversário.

Por mais ansioso que esteja, joga com os recursos da estratégia para atingir seu objetivo. Quando vê que está no final de suas forças, faz com que o inimigo pense que não tem pressa. Quando precisa atacar o lado direito, move as suas tropas para o lado esquerdo. Se pretende iniciar a luta imediatamente, finge que está com sono e prepara-se para dormir.

Os amigos comentam: "Vejam como perdeu seu entusiasmo." Mas ele não dá importância aos comentários, porque os amigos não conhecem suas táticas de combate.

Um guerreiro da luz sabe o que quer. E não precisa ficar explicando.

Comenta um sábio chinês sobre as estratégias do guerreiro da luz:

"Faça seu inimigo acreditar que não conseguirá grandes recompensas se decidir atacá-lo; desta maneira, você diminuirá seu entusiasmo."

"Não tenha vergonha de retirar-se provisoriamente do combate, se perceber que o inimigo está mais forte; o importante não é a batalha isolada, mas o final da guerra."

"Se você estiver bastante forte, tampouco tenha vergonha de fingir-se de fraco; isto faz seu inimigo perder a prudência, e atacar antes da hora."

"Numa guerra, a capacidade de surpreender o adversário é a chave da vitória."

"É curioso", comenta o guerreiro da luz consigo. "Encontrei tanta gente que – na primeira oportunidade – tenta mostrar o pior de si. Esconde a força interior atrás da agressividade; disfarça o medo da solidão com o ar de independência. Não acredita na própria capacidade, mas vive pregando aos quatro ventos suas virtudes."

O guerreiro lê estas mensagens em muitos homens e mulheres que conhece. Nunca se deixa enganar pelas aparências e faz questão de permanecer em silêncio quando tentam impressioná-lo. Mas usa a ocasião para corrigir suas falhas – já que as pessoas são sempre um bom espelho.

Um guerreiro aproveita toda e qualquer oportunidade para ensinar a si mesmo.

O guerreiro da luz às vezes luta com quem ama.

O homem que preserva seus amigos jamais é dominado pelas tempestades da existência; tem forças para ultrapassar as dificuldades e seguir adiante.

Entretanto, muitas vezes sente-se desafiado por aqueles a quem procura ensinar a arte da espada. Seus discípulos o provocam para um combate.

E o guerreiro mostra sua capacidade: com alguns golpes, lança as armas dos alunos por terra, e a harmonia volta ao local onde se reúnem.

"Por que fazer isto, se és tão superior?", pergunta um viajante.

"Porque, quando me desafiam, na verdade estão querendo conversar comigo e – desta maneira – mantenho o diálogo", responde o guerreiro.

Um guerreiro da luz, antes de entrar num combate importante, pergunta a si mesmo: "Até que ponto desenvolvi minha habilidade?"

Ele sabe que as batalhas que travou no passado sempre terminaram por ensinar alguma coisa. Entretanto, muitos destes ensinamentos fizeram o guerreiro sofrer além do necessário. Mais de uma vez, ele perdeu seu tempo, lutando por uma mentira. E sofreu por pessoas que não estavam à altura do seu amor.

Os vitoriosos não repetem o mesmo erro. Por isso o guerreiro só arrisca seu coração por algo que vale a pena.

Um guerreiro da luz respeita o principal ensinamento do I Ching: "A perseverança é favorável."

Ele sabe que perseverança nada tem a ver com a insistência. Existem épocas em que os combates se prolongam além do necessário, exaurindo suas forças e enfraquecendo seu entusiasmo.

Nestes momentos, o guerreiro reflete: "Uma guerra prolongada termina também destruindo o vitorioso."

Então retira suas forças do campo de batalha e dá uma trégua a si mesmo. Persevera em sua vontade, mas sabe esperar o melhor momento para um novo ataque.

Um guerreiro sempre volta à luta. Nunca faz isto por teimosia – e sim porque nota a mudança no tempo..

Um guerreiro da luz sabe que certos momentos se repetem.

Com freqüência se vê diante dos mesmos problemas e situações que já havia enfrentado; então fica deprimido, pensando que é incapaz de progredir na vida, já que os momentos difíceis estão de volta.

"Já passei por isso", ele reclama com seu coração.

"Realmente, você já passou", responde o coração. "Mas nunca ultrapassou."

O guerreiro então compreende que as experiências repetidas têm uma única finalidade: ensinar-lhe o que não quer aprender.

Um guerreiro da luz sempre faz algo fora do comum.

Pode dançar na rua enquanto caminha para o trabalho, olhar nos olhos de um desconhecido e falar de amor à primeira vista, defender uma idéia que pode parecer ridícula. Os guerreiros da luz se permitem tais dias.

Ele não tem medo de chorar mágoas antigas ou alegrar-se com novas descobertas. Quando sente que chegou a hora, larga tudo e parte para sua aventura tão sonhada. Quando entende que está no limite de sua resistência, sai do combate, sem culpar-se por ter feito uma ou duas loucuras inesperadas.

Um guerreiro não passa seus dias tentando representar o papel que os outros escolheram para ele.

Os guerreiros da luz mantêm o brilho nos olhos.

Estão no mundo, fazem parte da vida de outras pessoas, e começaram sua jornada sem alforje e sem sandálias. Muitas vezes são covardes. Nem sempre agem certo.

Sofrem por coisas inúteis, têm atitudes mesquinhas e às vezes se julgam incapazes de crescer. Freqüentemente acreditam-se indignos de qualquer bênção ou milagre.

Nem sempre têm certeza do que estão fazendo aqui. Muitas vezes passam noites em claro, achando que suas vidas não têm sentido.

Por isso são guerreiros da luz. Porque erram. Porque se perguntam. Porque procuram uma razão – e com certeza vão encontrá-la.

Um guerreiro da luz não tem medo de parecer louco.

Ele fala em voz alta consigo mesmo, quando está sozinho. Alguém lhe ensinou que esta é a melhor maneira de se comunicar com os anjos, e ele arrisca o contacto.

No começo, nota como é difícil. Pensa que nada tem a dizer, que vai ficar repetindo bobagens sem sentido. Mesmo assim, o guerreiro insiste. Todo dia conversa com seu coração. Diz coisas com as quais não concorda, fala bobagens.

Um dia, percebe a mudança em sua voz. E entende que está canalizando uma sabedoria maior.

O guerreiro parece louco, mas isto é apenas um disfarce.

Diz um poeta: "O guerreiro da luz escolhe seus inimigos."

Ele sabe do que é capaz; não precisa sair pelo mundo contando suas qualidades e virtudes. Entretanto, a todo momento aparece alguém querendo provar que é melhor que ele.

Para o guerreiro, não existe "melhor" ou "pior": cada um tem os dons necessários para o seu caminho individual.

Mas certas pessoas insistem. Provocam, ofendem, fazem de tudo para irritá-lo. Neste momento, seu coração diz: "Não aceite as ofensas, elas não vão aumentar a sua habilidade. Você vai se cansar à toa."

Um guerreiro da luz não perde seu tempo escutando provocações; ele tem um destino a ser cumprido.

O guerreiro da luz recorda um trecho de John Bunyan:

"Embora tenha passado por tudo que passei, não me arrependo dos problemas em que me meti – porque foram eles que me trouxeram até onde desejei chegar. Agora, tudo que tenho é esta espada, e a entrego para todo aquele que desejar seguir sua peregrinação. Levo comigo as marcas e cicatrizes dos combates – elas são testemunhas do que vivi, e recompensas do que conquistei.

"São estas marcas e cicatrizes queridas que vão me abrir as portas do Paraíso. Houve época em que vivi escutando histórias de bravura. Houve época em que vivi apenas porque precisava viver. Mas agora vivo porque sou um guerreiro, e porque quero um dia estar na companhia Daquele por quem tanto lutei."

No momento em que começa a andar, um guerreiro da luz reconhece o Caminho.

Cada pedra, cada curva lhe dão as boas-vindas. Ele identifica-se com as montanhas e riachos, vê um pouco de sua alma nas plantas, nos animais e nas aves do campo.

Então, aceitando a ajuda de Deus e dos Sinais de Deus, deixa que sua Lenda Pessoal o guie em direção às tarefas que a vida lhe reserva.

Em certas noites não tem onde dormir, em outras sofre de insônia. "Isto faz parte", pensa o guerreiro. "Fui eu quem decidiu seguir por aqui."

Nesta frase está todo o seu poder: ele escolheu a estrada por onde caminha agora, e não tem do que reclamar.

Daqui por diante – e por algumas centenas de anos – o Universo vai ajudar os guerreiros da luz, e boicotar os preconceituosos.

A energia da Terra precisa ser renovada.

As idéias novas precisam de espaço.

O corpo e a alma precisam de novos desafios.

O futuro virou presente, e todos os sonhos – exceto os que envolvem preconceitos – terão chance de se manifestar.

O que for importante ficará; o que for inútil desaparecerá. O guerreiro, porém, não está encarregado de julgar os sonhos do próximo, e não perde tempo criticando as decisões alheias.

Para ter fé em seu próprio caminho, não precisa provar que o caminho do outro está errado.

Um guerreiro da luz estuda com muito cuidado a posição que pretende conquistar.

Por mais difícil que seja o seu objetivo, sempre existe uma maneira de superar os obstáculos. Ele verifica os caminhos alternativos, afia sua espada, procura encher seu coração da perseverança necessária para enfrentar o desafio.

Mas, à medida que avança, o guerreiro se dá conta de que existem dificuldades com as quais não contava.

Se ficar esperando o momento ideal, nunca sairá do lugar; é preciso um pouco de loucura para dar o próximo passo.

O guerreiro usa um pouco de loucura. Porque – na guerra e no amor – não é possível prever tudo.

Um guerreiro da luz conhece seus defeitos. Mas conhece também suas qualidades.

Alguns companheiros queixam-se o tempo todo: "Os outros têm mais oportunidade que nós."

Talvez tenham razão; mas um guerreiro não se deixa paralisar por isto; ele procura valorizar ao máximo as suas virtudes.

Sabe que o poder da gazela é a habilidade de suas pernas. O poder da gaivota é sua pontaria para atingir o peixe. Aprendeu que um tigre não tem medo da hiena, porque é consciente de sua força.

Então procura saber com o que pode contar. E sempre verifica seu equipamento, composto de três coisas: fé, esperança e amor.

Se as três estão presentes, ele não hesita em seguir adiante.

O guerreiro da luz sabe que ninguém é tolo, e a vida ensina a todos – mesmo que isto exija tempo.

Ele sempre dá o melhor de si, e espera o melhor dos outros. Além disso, procura mostrar a todo mundo, com generosidade, do quanto cada um é capaz.

Alguns companheiros comentam: "Existem pessoas ingratas."

O guerreiro não se abala com isto. E continua estimulando seu próximo, porque é uma maneira de estimular a si mesmo.

Todo guerreiro da luz já ficou com medo de entrar em combate.

Todo guerreiro da luz já traiu e mentiu no passado.

Todo guerreiro da luz já trilhou um caminho que não era o dele.

Todo guerreiro da luz já sofreu por coisas sem importância.

Todo guerreiro da luz já achou que não era guerreiro da luz.

Todo guerreiro da luz já falhou em suas obrigações espirituais.

Todo guerreiro da luz já disse **sim** *quando queria dizer* **não**.

Todo guerreiro da luz já feriu alguém que amava.

Por isso é um guerreiro da luz; porque passou por tudo isso, e não perdeu a esperança de ser melhor do que era.

O guerreiro sempre ouve as palavras de alguns pregadores antigos, como as de T. H. Huxley:

"As conseqüências de nossas ações são espantalhos para os covardes, e raios de luz para os sábios.

"O tabuleiro de xadrez é o mundo. As peças são os gestos de nossa vida diária; as regras são as chamadas leis da natureza. Não podemos enxergar o Jogador que está do outro lado do tabuleiro, mas sabemos que Ele é justo, honesto, e paciente."

Cabe ao guerreiro aceitar o desafio. Ele sabe que Deus não deixa passar um só erro daqueles que ama, e não permite que seus preferidos finjam desconhecer as regras do jogo.

Um guerreiro da luz não adia suas decisões.

Ele reflete bastante antes de agir; considera seu treinamento, sua responsabilidade, e seu dever com o mestre. Procura manter a serenidade e analisa cada passo como se fosse o mais importante.

Entretanto, no momento em que toma uma decisão, o guerreiro segue adiante: não tem mais dúvidas sobre o que escolheu, nem muda de percurso se as circunstâncias forem diferentes do que imaginava.

Se sua decisão foi correta, vencerá o combate – mesmo que dure mais do que o previsto. Se sua decisão foi errada, ele será derrotado, e terá que recomeçar tudo de novo – com mais sabedoria.

Mas um guerreiro da luz, quando começa, vai até o fim.

Um guerreiro sabe que seus melhores mestres são as pessoas com quem divide o campo de batalha.

É perigoso pedir um conselho. É muito mais arriscado dar um conselho. Quando ele precisa de ajuda, procura ver como seus amigos resolvem – ou não resolvem – seus problemas.

Se está em busca de inspiração, lê nos lábios de seu vizinho as palavras que seu anjo da guarda quer lhe dizer.

Quando está cansado ou solitário, não sonha com mulheres e homens distantes; procura quem está ao seu lado, e divide a sua dor ou a sua necessidade de carinho – com prazer e sem culpa.

Um guerreiro sabe que a estrela mais distante do Universo se manifesta nas coisas que estão a sua volta.

Um guerreiro da luz divide seu mundo com as pessoas que ama.

Procura animá-las a fazer o que gostariam, mas não têm coragem; nestes momentos, o Adversário aparece com duas tábuas na mão.

Numa das tábuas, está escrito: "Pense mais em você. Conserve as bênçãos para si mesmo, ou vai terminar perdendo tudo."

Na outra tábua, lê: "Quem é você para ajudar os outros? Será que não consegue ver os próprios defeitos?"

Um guerreiro sabe que tem defeitos. Mas sabe também que não pode crescer sozinho, e distanciar-se de seus companheiros.

Então, ele atira as duas tábuas no chão, mesmo achando que elas contêm um fundo de verdade. Elas se transformam em pó, e o guerreiro continua animando quem está perto.

O sábio Lao Tzu comenta a jornada do guerreiro da luz:

"O Caminho inclui o respeito por tudo que é pequeno e sutil. Conheça sempre o momento de tomar as atitudes necessárias.

"Mesmo que já tenha atirado diversas vezes com o arco, continue prestando atenção na maneira como coloca a flecha, e como estende o fio.

"Quando o iniciante está consciente de suas necessidades, termina sendo mais inteligente que o sábio distraído.

"Acumular amor significa sorte, acumular ódio significa calamidade. Quem não reconhece os problemas termina deixando a porta aberta, e as tragédias surgem.

"O combate nada tem a ver com a briga."

O guerreiro da luz medita.

Senta-se em um lugar tranqüilo da sua tenda, e entrega-se à luz divina. Ao fazer isto, procura não pensar em nada; desliga-se da busca de prazeres, dos desafios e das revelações – e deixa que seus dons e seus poderes se manifestem.

Mesmo que não os perceba na mesma hora, estes dons e poderes estão tomando conta de sua vida, e vão influir no seu cotidiano.

Enquanto medita, o guerreiro não é ele, mas uma centelha da Alma do Mundo. São estes momentos que lhe permitem entender sua responsabilidade, e agir de acordo com ela.

Um guerreiro da luz sabe que, no silêncio do seu coração, existe uma ordem que o orienta.

"Quando tenho o arco esticado", diz Herrigel ao seu mestre zen, "chega um momento em que, se não disparo imediatamente, sinto que vou perder o fôlego."

"Enquanto você tentar provocar o momento de disparar a flecha, não irá aprender a arte dos arqueiros", diz o mestre. "O que às vezes atrapalha a precisão do tiro, é a vontade demasiado ativa do arqueiro."

Um guerreiro da luz às vezes pensa: "Aquilo que eu não fizer, não será feito."

Não é bem assim: ele deve agir, mas deve também deixar que o Universo atue em seu devido momento.

Um guerreiro, quando sofre uma injustiça, geralmente procura ficar sozinho – para não mostrar sua dor aos outros.

É um comportamento bom e mau ao mesmo tempo.

Uma coisa é deixar que seu coração cure lentamente as próprias feridas. Outra coisa é ficar em meditação profunda todo o dia, com medo de parecer fraco.

Dentro de cada um de nós, existe um anjo e um demônio, e suas vozes são muito parecidas. Diante da dificuldade, o demônio alimenta esta conversa solitária, procurando nos mostrar como somos vulneráveis. O anjo nos faz refletir sobre nossas atitudes, e às vezes precisa da boca de alguém para se manifestar.

Um guerreiro equilibra solidão e dependência.

Um guerreiro da luz precisa de amor.

O afeto e o carinho fazem parte de sua natureza – tanto quanto o comer, o beber e o gosto pelo Bom Combate. Quando o guerreiro não está feliz diante do pôr-do-sol, alguma coisa está errada.

Neste momento, interrompe o combate e vai em busca de companhia, para assistirem juntos ao entardecer.

Se tem dificuldades em encontrá-la, pergunta a si mesmo: "Tive medo de me aproximar de alguém? Recebi afeto e não percebi?"

Um guerreiro da luz usa a solidão, mas não é usado por ela.

O guerreiro da luz sabe que é impossível viver em estado de completo relaxamento.

Aprendeu com o arqueiro que, para disparar sua seta à distância, é preciso manter o arco bem esticado. Aprendeu com as estrelas que só a explosão interior permite seu brilho. O guerreiro repara que o cavalo, no momento de ultrapassar um obstáculo, contrai todos os seus músculos.

Mas ele jamais confunde tensão com nervosismo.

O guerreiro da luz sempre consegue equilibrar Rigor e Misericórdia.

Para atingir seu sonho, precisa de uma vontade firme – e de uma imensa capacidade de entrega; embora tenha um objetivo, nem sempre o caminho para atingi-lo é aquele que imagina.

Por isso, o guerreiro usa a disciplina e a compaixão. Deus jamais abandona seus filhos – mas Seus desígnios são insondáveis, e Ele constrói a estrada com nossos próprios passos.

Usando a disciplina e a entrega, o guerreiro se entusiasma. A rotina nunca pode comandar movimentos importantes.

O guerreiro da luz às vezes se comporta como a água, e flui por entre os obstáculos que encontra.

Em certos momentos, resistir significa ser destruído; então, ele se adapta às circunstâncias. Aceita, sem reclamar, que as pedras do caminho tracem seu rumo através das montanhas.

Nisto reside a força da água: ela jamais pode ser quebrada por um martelo, ou ferida por uma faca. A mais poderosa espada do mundo é incapaz de deixar uma cicatriz em sua superfície.

A água de um rio adapta-se ao caminho que é possível, sem esquecer o seu objetivo: o mar. Frágil em sua nascente, aos poucos vai ganhando a força dos outros rios que encontra.

E, a partir de determinado momento, seu poder é total.

Para o guerreiro da luz, não existe nada abstrato.

Tudo é concreto, e tudo lhe diz respeito. Ele não está sentado no conforto de sua tenda, observando o que acontece no mundo; aceita cada desafio como uma oportunidade que tem para transformar a si mesmo.

Alguns de seus companheiros passam a vida criticando a falta de escolha ou comentando as decisões alheias. O guerreiro, porém, transforma seu pensamento em ação.

Algumas vezes erra o objetivo, e paga – sem reclamar – o preço de seu erro. Outras vezes desvia-se do caminho, e perde muito tempo voltando ao destino original.

Mas um guerreiro não se distrai.

Um guerreiro da luz tem as qualidades de uma rocha.

Quando está em terreno plano – tudo a sua volta encontrou a harmonia – ele se mantém estável. As pessoas podem construir suas casas em cima do que foi criado, porque a tempestade não será destruidora.

Quando, porém, o colocam em terreno inclinado – e as coisas a sua volta não demonstram equilíbrio ou respeito – ele revela sua força; rola em direção ao inimigo que ameaça a paz. Nestes momentos, o guerreiro é devastador, e ninguém consegue detê-lo.

Um guerreiro da luz pensa na guerra e na paz ao mesmo tempo, e sabe agir de acordo com as circunstâncias.

Um guerreiro da luz que confia demais na sua inteligência acaba por subestimar o poder do adversário.

É preciso não esquecer: há momentos em que a força é mais eficaz que a estratégia.

Uma tourada dura quinze minutos; o touro aprende rápido que está sendo enganado – e seu próximo passo é partir para cima do toureiro. Quando isto acontece, não há brilho, argumento, inteligência, ou charme que possam evitar a tragédia.

Por isso, o guerreiro nunca subestima a força bruta. Quando ela é violenta demais, ele se retira do campo de batalha – até que o inimigo gaste sua energia.

O guerreiro da luz sabe reconhecer um inimigo mais forte que ele.

Se resolver enfrentá-lo, será imediatamente destruído. Se aceitar suas provocações, cairá na armadilha. Então, usa a diplomacia para superar a difícil situação em que se encontra. Quando o inimigo age como um bebê, ele faz o mesmo. Quando o chama para o combate, ele finge-se de desentendido.

Os amigos comentam: "É um covarde."

Mas o guerreiro não liga para o comentário; sabe que toda a raiva e coragem de um pássaro são inúteis diante do gato.

Em situações como esta, o guerreiro tem paciência; logo o inimigo partirá para provocar outros.

Um guerreiro da luz não olha a injustiça com indiferença.

Sabe que tudo é uma coisa só, e cada ação individual afeta todos os homens do planeta. Por isso, quando está diante do sofrimento alheio, usa sua espada para colocar as coisas em ordem.

Mas, embora lute contra a opressão, em momento algum procura julgar o opressor. Cada um responderá por seus atos diante de Deus, e – uma vez cumprida a sua tarefa – o guerreiro não emite qualquer comentário.

Um guerreiro da luz está no mundo para ajudar seus irmãos, e não para condenar o seu próximo.

Um guerreiro da luz nunca se acovarda.

A fuga pode ser uma excelente arte de defesa, mas não pode ser usada quando o medo é grande. Na dúvida, o guerreiro prefere enfrentar a derrota e depois curar suas feridas – porque sabe que, se fugir, está dando ao agressor um poder maior do que ele merece.

Diante de alguns momentos difíceis e dolorosos, o guerreiro encara a situação desvantajosa com heroísmo, resignação e coragem.

Um guerreiro da luz nunca tem pressa.

O tempo trabalha a seu favor; ele aprende a dominar a impaciência, e evita gestos impensados.

Andando devagar, nota a firmeza de seus passos. Sabe que participa de um momento decisivo da história da humanidade, e precisa mudar a si mesmo antes de transformar o mundo. Por isso lembra-se das palavras de Lanza del Vasto: "Uma revolução precisa de tempo para se instalar."

Um guerreiro nunca colhe o fruto enquanto ele ainda está verde.

Um guerreiro da luz precisa de paciência e rapidez ao mesmo tempo.

Os dois maiores erros de uma estratégia são: agir antes da hora ou deixar que a oportunidade passe longe; para evitar isto, o guerreiro trata cada situação como se fosse única, e não aplica fórmulas, receitas ou opiniões alheias.

O califa Moaniyat perguntou a Omr Ben Al-Aas qual era o segredo de sua grande habilidade política:

"Nunca me meti em assunto sem ter estudado previamente a retirada; por outro lado, nunca entrei e quis logo sair correndo", foi a resposta.

Um guerreiro da luz muitas vezes desanima.

Acha que nada consegue despertar a emoção que desejava. Muitas tardes e noites é obrigado a ficar sustentando uma posição conquistada, sem que nenhum acontecimento novo lhe devolva o entusiasmo.

Seus amigos comentam: "Talvez sua luta tenha terminado."

O guerreiro sente dor e confusão ao escutar estes comentários porque sabe que não chegou aonde queria. Mas é teimoso, e não abandona o que decidiu fazer.

Então, quando menos espera, uma nova porta se abre.

Um guerreiro da luz sempre mantém o seu coração limpo do sentimento de ódio.

Quando caminha para a luta, lembra-se de que disse Cristo: "Amai vossos inimigos." E obedece.

Mas sabe que o ato de perdoar não o obriga a aceitar tudo; um guerreiro não pode abaixar a cabeça – senão perde de vista o horizonte de seus sonhos.

Aceita que os adversários estão ali para testar sua bravura, sua persistência, sua capacidade de tomar decisões. Eles o obrigam a lutar por seus sonhos.

É a experiência do combate que fortalece o guerreiro da luz.

O guerreiro lembra-se do passado.

Conhece a Busca Espiritual do homem, sabe que ela já escreveu algumas das melhores páginas da história.

E alguns de seus piores capítulos: massacres, sacrifícios, obscurantismo. Foi usada para fins particulares e viu seus ideais servirem de escudo para intenções terríveis.

O guerreiro já ouviu comentários do tipo: "Como vou saber se este caminho é sério?" E viu muita gente abandonar a busca por não responder a esta pergunta.

O guerreiro não tem dúvidas; segue uma fórmula infalível.

"Pelos frutos, conhecereis a árvore", disse Jesus. Ele segue esta regra, e não erra nunca.

O guerreiro da luz conhece a importância da intuição.

No meio da batalha, não tem tempo para pensar nos golpes do inimigo – então usa seu instinto, e obedece ao seu anjo.

Nos tempos de paz, decifra os sinais que Deus lhe envia.

As pessoas dizem: "Está louco."

Ou então: "Vive num mundo de fantasia."

Ou ainda: "Como pode confiar em coisas que não têm lógica?"

Mas o guerreiro sabe que a intuição é o alfabeto de Deus, e continua escutando o vento e falando com as estrelas.

O guerreiro da luz senta-se com seus companheiros em torno de uma fogueira.

Comentam suas conquistas – e os estranhos que se juntam ao grupo são bem-vindos, porque todos têm orgulho de sua vida e do Bom Combate. O guerreiro fala com entusiasmo do caminho, conta como resistiu a certo desafio, que solução encontrou para um momento difícil. Quando conta histórias, reveste suas palavras de paixão e romantismo.

Às vezes se permite exagerar um pouco. Lembra-se de que seus antepassados também exageravam de vez em quando.

Por isso faz a mesma coisa. Mas sem jamais confundir orgulho com vaidade, e sem acreditar em seus próprios exageros.

"Sim", o guerreiro escuta alguém dizer. "Eu preciso entender tudo, antes de tomar uma decisão. Quero ter a liberdade de mudar de idéia."

O guerreiro olha com desconfiança esta frase. Também ele pode ter a mesma liberdade, mas isto não o impede de assumir um compromisso, mesmo que não compreenda exatamente por que fez isto.

Um guerreiro da luz toma decisões. Sua alma é livre como as nuvens no céu, mas ele está comprometido com seu sonho. Em seu caminho livremente escolhido, tem que acordar em horas que não gosta, falar com gente que não lhe acrescenta nada, fazer alguns sacrifícios.

Os amigos comentam: "Você não é livre."

O guerreiro é livre. Mas sabe que forno aberto não cozinha pão.

Em qualquer atividade, é preciso saber o que se deve esperar, os meios de alcançar o objetivo e a capacidade que temos para a tarefa proposta.

"Só pode dizer que renunciou aos frutos aquele que, estando assim equipado, não sente qualquer desejo pelos resultados da conquista, e permanece absorvido no combate.

"Pode-se renunciar ao fruto, mas esta renúncia não significa indiferença ao resultado."

O guerreiro da luz escuta com respeito a estratégia de Gandhi. E não se deixa confundir por pessoas que, incapazes de chegar a qualquer resultado, vivem pregando a renúncia.

O guerreiro da luz presta atenção às pequenas coisas, porque elas podem atrapalhar muito.

Um espinho, por menor que seja, faz o viajante interromper seu passo. Uma pequena e invisível célula pode destruir um organismo sadio. A lembrança de um instante de medo no passado faz a covardia voltar a cada nova manhã. Uma fração de segundo abre a guarda para o golpe fatal do inimigo.

O guerreiro está atento às pequenas coisas. Às vezes é duro consigo mesmo, mas prefere agir desta maneira.

"O diabo mora nos detalhes", diz um velho provérbio da Tradição.

O guerreiro da luz nem sempre tem fé.

Há momentos em que não crê em absolutamente nada. E pergunta ao seu coração: "Será que vale a pena tanto esforço?"

Mas o coração continua calado. E o guerreiro tem que decidir por si mesmo.

Então ele procura um exemplo. E lembra-se de que Jesus passou por algo semelhante – para poder viver a condição humana em toda a sua plenitude.

"Afasta de mim este cálice", disse Jesus. Também ele perdeu o ânimo e a coragem, mas não parou.

O guerreiro da luz continua sem fé. Mas segue adiante, e a fé termina voltando.

O guerreiro sabe que nenhum homem é uma ilha.

Não pode lutar sozinho; seja qual for o seu plano, depende de outras pessoas. Precisa discutir sua estratégia, pedir ajuda, e – nos momentos de descanso – ter alguém para contar histórias de combate ao redor da fogueira.

Mas ele não deixa que as pessoas confundam sua camaradagem com insegurança. Ele é transparente em suas ações, e secreto nos seus planos.

Um guerreiro da luz dança com seus companheiros, mas não transfere para ninguém a responsabilidade de seus passos.

No intervalo do combate, o guerreiro descansa.

Muitas vezes passa dias sem fazer nada, porque seu coração exige; mas sua intuição permanece alerta. Ele não comete o pecado capital da Preguiça, porque sabe aonde ela o pode conduzir: à sensação morna das tardes de domingo, onde o tempo passa – e nada mais.

O guerreiro chama isto de "paz de cemitério". Lembra-se de um trecho do Apocalipse: "Te amaldiçôo porque não és frio nem quente. Oxalá fosses frio ou quente! Mas, como és morno, eu te vomitarei de minha boca."

Um guerreiro descansa e ri. Mas está sempre atento.

O guerreiro da luz sabe: todo mundo tem medo de todo mundo.

Este medo geralmente se manifesta de duas formas: através da agressividade ou através da submissão. São faces do mesmo problema.

Por isso, quando está diante de alguém que lhe inspira temor, o guerreiro se lembra: o outro tem as mesmas inseguranças que ele. Passou por obstáculos parecidos, viveu os mesmos problemas.

Mas está sabendo lidar melhor com a situação. Por quê? Porque ele utiliza o medo como motor, e não como um freio.

Então o guerreiro aprende com o adversário, e age da mesma maneira.

Para o guerreiro, não existe amor impossível.

Ele não se deixa intimidar pelo silêncio, pela indiferença ou pela rejeição. Sabe que – atrás da máscara de gelo que as pessoas usam – existe um coração de fogo.

Por isso o guerreiro arrisca mais que os outros. Busca incessantemente o amor de alguém – mesmo que isto signifique escutar muitas vezes a palavra "não", voltar para casa derrotado, sentir-se rejeitado em corpo e alma.

Um guerreiro não se deixa assustar quando busca o que precisa. Sem amor, ele não é nada.

O guerreiro da luz conhece o silêncio que antecipa o combate importante.

E este silêncio parece dizer: "As coisas pararam. É melhor deixar a luta de lado, e divertir-se um pouco." Os combatentes sem experiência largam suas armas neste momento, e queixam-se do tédio.

O guerreiro está atento ao silêncio; em algum lugar, algo está acontecendo. Ele sabe que os terremotos destruidores chegam sem aviso. Já caminhou por florestas durante a noite; quando os animais não fazem qualquer ruído, o perigo está próximo.

Enquanto os outros conversam, o guerreiro se adestra no manejo da espada, e presta atenção no horizonte.

O guerreiro da luz acredita.

Porque crê em milagres, os milagres começam a acontecer. Porque tem certeza de que seu pensamento pode mudar sua vida, sua vida começa a mudar. Porque está certo de que irá encontrar o amor, este amor aparece.

De vez em quando, se decepciona. Às vezes, se machuca.

E então escuta os comentários: "Como é ingênuo!"

Mas o guerreiro sabe que vale o preço. Para cada derrota, tem duas conquistas a seu favor.

Todos os que acreditam sabem disso.

O guerreiro da luz aprendeu que é melhor seguir a luz.

Ele já traiu, mentiu, desviou-se do seu caminho, cortejou as trevas. E tudo continuou dando certo – como se nada tivesse acontecido.

Entretanto, um abismo chega de repente; pode-se dar mil passos seguros – e um passo a mais acaba com tudo. Então o guerreiro detém-se antes de destruir a si mesmo.

Ao tomar esta decisão, escuta quatro comentários: "Você sempre agiu errado. Você está velho demais para mudar. Você não é bom. Você não merece."

Ele olha para o céu. E uma voz lhe diz: "Meu caro, todo mundo já fez coisas erradas. Você está perdoado, mas não posso forçar este perdão. Decida-se."

O verdadeiro guerreiro da luz aceita o perdão.

O guerreiro da luz sempre procura melhorar.

Cada golpe de sua espada traz consigo séculos de sabedoria e meditação. Cada golpe precisa ter a força e a habilidade de todos os guerreiros do passado, que ainda hoje continuam abençoando a luta. Cada movimento no combate honra os movimentos que as gerações anteriores procuraram transmitir através da Tradição.

O guerreiro desenvolve a beleza de seus golpes.

Um guerreiro da luz é confiável.

Comete alguns erros, às vezes se julga mais importante do que realmente é. Mas não mente.

Quando se reúne ao redor da fogueira, conversa com seus companheiros e companheiras. Sabe que suas palavras ficam guardadas na memória do Universo, como um atestado do que pensa.

E o guerreiro reflete: "Por que falo tanto, se muitas vezes não sou capaz de fazer tudo que digo?"

O coração responde: "Quando você defende publicamente suas idéias, tem que se esforçar para viver de acordo com elas."

É porque pensa que é o que fala, que o guerreiro acaba se transformando no que diz.

O guerreiro sabe que, de vez em quando, o combate é interrompido.

Não adianta forçar a luta; é necessário ter paciência, esperar que as forças entrem novamente em choque. No silêncio do campo de batalha, escuta as batidas de seu coração.

Repara que está tenso. Que tem medo.

O guerreiro faz um balanço de sua vida; vê se a espada está afiada, o coração satisfeito, a fé incendiando a alma. Sabe que a manutenção é tão importante quanto a ação.

Sempre há algo faltando. E o guerreiro aproveita os momentos em que o tempo se detém, para equipar-se melhor.

Um guerreiro sabe que um anjo e um demônio disputam a mão que segura a espada.

Diz o demônio: "Você vai fraquejar. Você não vai saber o momento exato. Você está com medo." Diz o anjo: "Você vai fraquejar. Você não vai saber o momento exato. Você está com medo."

O guerreiro fica surpreso. Ambos disseram a mesma coisa.

Então o demônio continua: "Deixe que eu te ajudo." E diz o anjo: "Eu te ajudo."

Nesta hora, o guerreiro percebe a diferença. As palavras são as mesmas, mas os aliados são diferentes.

Então ele escolhe a mão de seu anjo.

Toda vez que o guerreiro puxa sua espada, ele a utiliza.

Pode servir para abrir um caminho, ajudar alguém ou afastar o perigo – mas uma espada é caprichosa, e não gosta de ver sua lâmina exposta sem razão.

Por isso, o guerreiro jamais faz ameaças. Ele pode atacar, defender-se, ou fugir; qualquer uma destas atitudes faz parte do combate. O que não faz parte do combate é desperdiçar a força de um golpe, falando sobre ele.

Um guerreiro da luz está sempre atento aos movimentos de sua espada. Mas não pode esquecer que a espada também presta atenção aos seus movimentos.

Ela não foi feita para ser usada com a boca.

Às vezes o mal persegue o guerreiro da luz; então, com tranqüilidade, ele o convida para a sua tenda.

Ele pergunta ao mal: "Você quer me ferir ou me usar para ferir os outros?"

O mal finge não ouvir. Diz que conhece as trevas da alma do guerreiro. Toca em feridas não cicatrizadas, e clama vingança. Lembra que conhece algumas armadilhas e venenos sutis, que o ajudarão a destruir seus inimigos.

O guerreiro da luz escuta. Se o mal se distrai, ele faz com que retome a conversa, e pede detalhes de todos os seus projetos.

Depois de ouvir tudo, levanta-se e vai embora. O mal falou tanto, está tão cansado e tão vazio, que não conseguirá acompanhá-lo.

O guerreiro da luz – sem querer – dá um passo em falso e mergulha no abismo.

Os fantasmas o assustam, a solidão o atormenta. Como procurou o Bom Combate, não pensava que isto fosse acontecer com ele; mas aconteceu. Envolto pela escuridão, ele se comunica com seu mestre.

"Mestre, caí no abismo", diz. "As águas são fundas e escuras."

"Lembra-te de uma coisa", responde o mestre. "O que afoga alguém não é o mergulho, mas o fato de permanecer debaixo d'água."

E o guerreiro usa as suas forças para sair da situação em que se encontra.

O guerreiro da luz comporta-se como uma criança.

As pessoas ficam chocadas; esqueceram que uma criança precisa divertir-se, brincar, ser um pouco irreverente, fazer perguntas inconvenientes e imaturas, dizer tolices nas quais nem ela mesma acredita.

E perguntam horrorizadas: "É isso o caminho espiritual? Ele não tem maturidade!"

O guerreiro orgulha-se do comentário. E mantém-se em contacto com Deus, através de sua inocência e alegria, sem perder de vista sua missão.

A raiz latina da palavra "responsabilidade" desvenda o seu significado: capacidade de responder, de reagir.

Um guerreiro responsável foi capaz de observar e treinar. Foi, inclusive, capaz de ser "irresponsável"; às vezes deixou-se levar pela situação, e não respondeu, nem reagiu.

Mas aprendeu as lições; tomou uma atitude, ouviu um conselho, teve a humildade de aceitar ajuda.

Um guerreiro responsável não é o que coloca sobre seus ombros o peso do mundo; é aquele que aprendeu a lidar com os desafios do instante.

Um guerreiro da luz nem sempre pode escolher o seu campo de batalha.

Às vezes é colhido de surpresa, no meio de combates que não desejava; mas não adianta fugir, porque estes combates o seguirão.

Então, no momento em que o conflito é quase inevitável, o guerreiro conversa com seu adversário. Sem demonstrar medo ou covardia, procura saber por que o outro quer a luta; que coisas o fizeram sair de sua aldeia e procurá-lo para um duelo. Sem desembainhar a espada, o guerreiro o convence de que aquele combate não é seu.

Um guerreiro da luz escuta o que seu adversário tem a dizer. Só luta, se for necessário.

O guerreiro da luz fica apavorado diante de decisões importantes.

"Isto é grande demais para você", diz um amigo. "Vá em frente, tenha coragem", diz outro. E suas dúvidas aumentam.

Depois de alguns dias de angústia, ele recolhe-se ao canto de sua tenda, onde costuma sentar-se para meditar e orar. Vê a si mesmo no futuro. Vê as pessoas que serão beneficiadas e prejudicadas por sua atitude. Não quer causar sofrimentos inúteis, mas tampouco quer abandonar o caminho.

O guerreiro então deixa que a decisão se manifeste.

Se for preciso dizer **sim**, *ele dirá com coragem. Se for preciso dizer* **não**, *ele dirá sem covardia.*

Um guerreiro da luz assume por inteiro sua Lenda Pessoal.

Seus companheiros comentam: "Sua fé é admirável!"

O guerreiro fica orgulhoso por alguns momentos, e logo envergonha-se do que escutou, porque não tem a fé que demonstra.

Neste momento seu anjo sussurra: "Você é apenas um instrumento da luz. Não há motivos para se vangloriar, nem para sentir-se culpado; há motivo apenas para a alegria."

E o guerreiro da luz, consciente de que é um instrumento, fica mais tranqüilo e seguro.

"Hitler pode ter perdido a guerra no campo de batalha, mas terminou ganhando algo", diz M. Halter. "Porque o homem do século XX criou o campo de concentração e ressuscitou a tortura, e ensinou aos semelhantes que é possível fechar os olhos para as desgraças dos outros."

Talvez ele tenha razão: existem crianças abandonadas, civis massacrados, inocentes nos cárceres, velhos solitários, bêbados na sarjeta, loucos no poder.

Mas talvez ele não tenha nenhuma razão: existem os guerreiros da luz.

E os guerreiros da luz jamais aceitam o que é inaceitável.

O guerreiro da luz nunca esquece o velho ditado: o bom cabrito não berra.

As injustiças acontecem. Todos são envolvidos por situações que não merecem – geralmente quando não podem se defender. Muitas vezes, a derrota bate à porta do guerreiro.

Nestas horas, ele fica em silêncio. Não gasta energia em palavras, porque elas não podem fazer nada; é melhor usar as forças para resistir, ter paciência e saber que Alguém está olhando. Alguém que viu o sofrimento injusto, e não se conforma com isto.

Este Alguém lhe dá o que ele mais precisa: tempo. Cedo ou tarde, tudo voltará a trabalhar a seu favor.

Um guerreiro da luz é sábio; não comenta suas derrotas.

Uma espada pode durar pouco. Mas o guerreiro da luz precisa durar muito.

Por isso não se deixa enganar por sua própria capacidade, e evita ser apanhado de surpresa. Ele dá a cada coisa o valor que ela merece ter.

Muitas vezes, diante de assuntos graves, o demônio sopra em seu ouvido: "Não se preocupe com isto, porque não é sério."

Outras vezes, diante de coisas banais, o demônio lhe diz: "Você precisa dedicar toda a sua energia para resolver esta situação."

O guerreiro não escuta o que o demônio está dizendo: ele é o mestre de sua espada.

Um guerreiro da luz está sempre vigilante.

Não pede permissão aos outros para segurar sua espada; simplesmente a toma em suas mãos. Tampouco perde tempo explicando seus gestos; fiel às determinações de Deus, ele responde pelo que faz.

Olha para os lados, e identifica seus amigos. Olha para trás e identifica seus adversários. É implacável com a traição, mas não se vinga; apenas afasta os inimigos de sua vida, sem lutar com eles além do tempo necessário.

Um guerreiro não tenta parecer; ele é.

Um guerreiro não anda com quem lhe quer fazer mal. E tampouco é visto em companhia daqueles que o desejam "consolar".

Evita quem só está ao seu lado em caso de derrota: estes falsos amigos querem provar que a fraqueza compensa. Sempre trazem más notícias. Sempre tentam destruir a confiança do guerreiro – sob o manto da "solidariedade".

Quando o vêem ferido, desmancham-se em lágrimas, mas – no fundo do coração – estão contentes porque o guerreiro perdeu uma batalha. Não entendem que isto é parte do combate.

Os verdadeiros companheiros de um guerreiro estão ao seu lado em todos os momentos, nas horas difíceis e nas horas fáceis.

No começo de sua luta, o guerreiro da luz afirmou: "Eu tenho sonhos."

Depois de alguns anos, percebe que é possível chegar aonde quer; ele sabe que vai ser recompensado.

Neste momento, fica triste. Conhece a infelicidade alheia, a solidão, as frustrações que acompanham grande parte da humanidade, e acha que não merece o que está para receber.

O seu anjo sussurra: "Entrega tudo." O guerreiro ajoelha-se e oferece a Deus as suas conquistas.

A Entrega obriga o guerreiro a parar de fazer perguntas tolas, e o ajuda a vencer a culpa.

O guerreiro da luz tem a espada em suas mãos.

É ele quem decide o que vai fazer, e o que não fará em circunstância nenhuma.

Há momentos em que a vida o conduz para uma crise: ele é forçado a separar-se de coisas que sempre amou; então o guerreiro reflete. Verifica se está cumprindo a vontade de Deus, ou se age por egoísmo. Caso a separação esteja mesmo no seu caminho, ele aceita sem reclamações.

Se, entretanto, tal separação for provocada pela perversidade alheia, ele é implacável em sua resposta.

O guerreiro possui o golpe e o perdão. Sabe usar os dois com a mesma habilidade.

O guerreiro da luz não cai na armadilha da palavra "liberdade".

Quando o seu povo está oprimido, a liberdade é um conceito claro. Nessas horas, usando espada e escudo, luta até perder o fôlego ou a vida. Diante da opressão, a liberdade é simples de entender: é o oposto da escravidão.

Mas às vezes o guerreiro escuta os mais velhos dizendo: "Quando parar de trabalhar, ficarei livre." Então, depois de um ano, os mais velhos reclamam: "A vida é apenas tédio e rotina." Neste caso, a liberdade é difícil de entender; ela significa ausência de sentido.

Um guerreiro da luz está sempre comprometido. É escravo do seu sonho, e livre em seus passos.

Um guerreiro da luz não fica repetindo sempre a mesma luta – principalmente quando não há avanços ou recuos.

Se o combate não progride, ele entende que é preciso sentar-se com o inimigo e discutir uma trégua; ambos já praticaram a arte da espada, e agora precisam se entender.

É um gesto de dignidade – e não de covardia. É um equilíbrio de forças, e uma mudança de estratégia.

Traçados os planos de paz, os guerreiros voltam para suas casas. Não precisam provar nada a ninguém; combateram o Bom Combate e mantiveram a fé. Cada um cedeu um pouco, aprendendo com isto a arte da negociação.

Os amigos do guerreiro da luz perguntam de onde vem sua energia. Ele diz: "Do inimigo oculto."

Os amigos perguntam quem é.

O guerreiro responde: "Alguém que não podemos ferir."

Pode ser um menino que o derrotou numa briga na infância, a namorada que o deixou aos onze anos, o professor que o chamava de burro. Quando está cansado, o guerreiro lembra-se de que ele ainda não viu sua coragem.

Não pensa em vingança, porque o inimigo oculto não faz mais parte de sua história. Pensa apenas em melhorar sua habilidade, para que seus feitos corram o mundo e cheguem aos ouvidos de quem o machucou no passado.

A dor de ontem é a força do guerreiro da luz.

Um guerreiro da luz sempre tem uma segunda chance na vida.

Como todos os outros homens e mulheres, ele não nasceu sabendo manejar sua espada; errou muitas vezes antes de descobrir sua Lenda Pessoal.

Nenhum guerreiro pode sentar-se em torno da fogueira, e dizer aos outros: "Sempre agi certo." Quem afirma isto está mentindo, e ainda não aprendeu a conhecer a si mesmo. O verdadeiro guerreiro da luz já cometeu injustiças no passado.

Mas, no decorrer da jornada, percebe que as pessoas com quem agiu errado sempre tornam a cruzar com ele.

É sua chance de corrigir o mal que causou. Ele sempre a utiliza, sem hesitar.

Um guerreiro é simples como as pombas, e prudente como as serpentes.

Quando se reúne para conversar, não julga o comportamento dos outros; ele sabe que as trevas utilizam uma rede invisível para espalhar seu mal. Esta rede pega qualquer informação solta no ar, e a transforma na intriga e na inveja que parasitam a alma humana.

Assim, tudo que é dito a respeito de alguém sempre termina chegando aos ouvidos dos inimigos desta pessoa, acrescido da carga tenebrosa de veneno e maldade.

Por isso, quando o guerreiro fala das atitudes de seu irmão, imagina que ele está presente, escutando o que diz.

Assim diz o Breviário da Cavalaria Medieval:

"A energia espiritual do Caminho utiliza a justiça e a paciência para preparar teu espírito.

"Este é o Caminho do Cavaleiro: um caminho fácil e ao mesmo tempo difícil, porque obriga a deixar de lado as coisas inúteis, e as amizades relativas. Por isso, no começo, sente-se tanta hesitação em segui-lo.

"Eis o primeiro ensinamento da Cavalaria: tu irás apagar o que até então tinhas escrito no caderno de tua vida: inquietação, insegurança, mentira. E irás escrever, no lugar disto tudo, a palavra **coragem**. *Começando a jornada com esta palavra, e seguindo com a fé em Deus, chegarás aonde precisas."*

Quando o momento do combate se aproxima, o guerreiro da luz está preparado para todas as eventualidades.

Analisa cada estratégia, e pergunta: "O que eu faria se tivesse que lutar comigo mesmo?" Desta maneira, descobre seus pontos fracos.

Neste momento, o adversário se aproxima; traz a bolsa cheia de promessas, tratados, negociações. Tem propostas tentadoras e alternativas fáceis.

O guerreiro analisa cada uma das propostas; também procura um acordo, mas sem perder a dignidade. Se evitar o combate, não o fará porque foi seduzido – mas porque achou que esta era a melhor estratégia.

Um guerreiro da luz não aceita presentes de seu inimigo.

Então eu repito:

Os guerreiros da luz se reconhecem pelo olhar. Estão no mundo, fazem parte do mundo, e ao mundo foram enviados sem alforje e sem sandálias. Muitas vezes são covardes. Nem sempre agem certo.

Os guerreiros da luz sofrem por bobagens, se preocupam com coisas mesquinhas, se julgam incapazes de crescer. Os guerreiros da luz de vez em quando se acreditam indignos de qualquer bênção ou milagre.

Os guerreiros da luz com freqüência perguntam o que estão fazendo aqui. Muitas vezes acham que suas vidas não têm sentido.

Por isso são guerreiros da luz. Porque erram. Porque perguntam. Porque continuam a procurar um sentido. E terminarão encontrando.

O guerreiro da luz está agora despertando de seu sono.

Ele pensa: "Não sei lidar com esta luz, que me faz crescer." A luz, entretanto, não desaparece.

O guerreiro pensa: "Serão necessárias mudanças que eu não tenho vontade de fazer."

A luz continua – porque a vontade é uma palavra cheia de truques.

Então os olhos e o coração do guerreiro começam a se acostumar com a luz. Ela já não assusta e ele passa a aceitar sua Lenda, mesmo que isto signifique correr riscos.

O guerreiro esteve dormindo por muito tempo. É natural que vá despertando aos poucos.

O lutador experiente agüenta insultos; conhece a força do seu punho, a habilidade de seus golpes. Diante do oponente despreparado, ele o olha no fundo dos olhos, e vence sem precisar trazer a luta para o plano físico.

À medida que o guerreiro aprende com seu mestre espiritual, a luz da fé também brilha em seus olhos, e ele não precisa provar nada para ninguém. Não importam os argumentos agressivos do adversário – dizendo que Deus é superstição, que milagres são truques, que acreditar em anjos é fugir da realidade.

Assim como o lutador, o guerreiro da luz conhece sua imensa força; jamais luta com quem não merece a honra do combate.

O guerreiro da luz deve sempre lembrar-se das cinco regras do combate, escritas por Chuan Tzu, há três mil anos:

A fé: *antes de entrar numa batalha, é preciso acreditar no motivo da luta.*

O Companheiro: *escolha seus aliados e aprenda a lutar acompanhado, porque ninguém vence uma guerra sozinho.*

O tempo: *uma luta no inverno é diferente de uma luta no verão; um bom guerreiro presta atenção ao momento certo de entrar no combate.*

O espaço: *não se luta num desfiladeiro da mesma maneira que numa planície. Considere o que existe a sua volta, e a melhor maneira de mover-se.*

A estratégia: *o melhor guerreiro é aquele que planeja seu combate.*

O guerreiro raramente sabe o resultado de uma batalha quando esta acaba.

O movimento da luta gerou muita energia a sua volta, e existe um momento em que tanto a vitória como a derrota ainda são possíveis. O tempo irá dizer quem venceu ou perdeu; mas ele sabe que, a partir daquele momento, não pode fazer mais nada: o destino daquela luta está nas mãos de Deus.

Nestes momentos, o guerreiro da luz não fica preocupado com os resultados. Examina seu coração e pergunta: "Combati o Bom Combate?" Se a resposta é positiva, ele descansa. Se a resposta é negativa, ele pega a sua espada e começa a treinar de novo.

O guerreiro da luz contém em si a centelha de Deus.

Seu destino é estar junto com outros guerreiros, mas – às vezes – precisará praticar, sozinho, a arte da espada; por isso, quando separado dos companheiros, comporta-se como uma estrela.

Ilumina a parte do Universo que lhe foi destinada, e tenta mostrar galáxias e mundos a todos que olham para o céu.

A persistência do guerreiro será em breve recompensada. Aos poucos, outros guerreiros se aproximam, e os companheiros se reúnem em constelações, com seus símbolos e seus mistérios.

Às vezes o guerreiro da luz tem a impressão de viver duas vidas ao mesmo tempo.

Em uma delas, é obrigado a fazer tudo que não quer, lutar por idéias nas quais não acredita. Mas existe uma outra vida, e ele a descobre em seus sonhos, leituras, encontros com gente que pensa como ele.

O guerreiro vai permitindo que suas duas vidas se aproximem. "Há uma ponte que liga o que eu faço com o que eu gostaria de fazer", pensa. Aos poucos, os seus sonhos vão tomando conta da sua rotina, até que ele percebe que está pronto para o que sempre quis.

Então, basta um pouco de ousadia – e as duas vidas se transformam numa só.

Escreva de novo o que já lhe disse:

O guerreiro da luz precisa de tempo para si mesmo. E usa este tempo para o descanso, a contemplação, o contacto com a Alma do Mundo. Mesmo no meio de um combate, ele consegue meditar.

Em algumas ocasiões, o guerreiro senta-se, relaxa e deixa que tudo que está acontecendo ao seu redor continue acontecendo. Olha o mundo como se fosse um espectador, não tenta crescer nem diminuir – apenas entregar-se sem resistência ao movimento da vida.

Aos poucos, tudo que parecia complicado começa a tornar-se simples. E o guerreiro se alegra.

O guerreiro da luz toma cuidado com as pessoas que pensam conhecer o caminho.

Elas estão sempre tão confiantes em sua própria capacidade de decidir, que não percebem a ironia com que o destino escreve a vida de cada um: e sempre reclamam quando o inevitável bate à porta.

O guerreiro da luz tem sonhos. Seus sonhos o levam adiante. Mas ele jamais comete o erro de pensar que o caminho é fácil e a porta é larga. Sabe que o Universo funciona como funciona a alquimia: **solve et coagula**, *diziam os mestres. "Concentra e dispersa Tuas energias, de acordo com a situação."*

Existem momentos de agir e momentos de aceitar. O guerreiro faz a distinção.

O guerreiro da luz, quando aprende a manejar sua espada, descobre que seu equipamento precisa ser completo – e isto inclui uma armadura.

Ele sai em busca da sua armadura e escuta a proposta de vários vendedores.

"Use a couraça da solidão", diz um.

"Use o escudo do cinismo", responde outro.

"A melhor armadura é não se envolver em nada", afirma um terceiro.

O guerreiro, porém, não dá ouvidos. Com serenidade, vai até seu lugar sagrado e veste o manto indestrutível da fé.

A fé apara todos os golpes. A fé transforma o veneno em água cristalina.

"Vivo acreditando em tudo que as pessoas me dizem, e sempre me decepciono", costumam dizer os companheiros.

É importante confiar nas pessoas; um guerreiro da luz não tem medo de decepções – porque conhece o poder de sua espada e a força do seu amor.

Entretanto, ele consegue impor seus limites: uma coisa é aceitar os sinais de Deus, e entender que os anjos usam a boca de nosso próximo para nos dar conselhos. Outra coisa é ser incapaz de tomar decisões, e estar sempre procurando uma maneira de deixar que os outros nos digam o que devemos fazer.

Um guerreiro confia nos outros, porque – primeiro – confia em si.

O guerreiro da luz olha a vida com doçura e firmeza.

Está diante de um mistério, cuja resposta encontrará um dia. Volta e meia, diz para si mesmo: "Mas esta vida parece uma loucura."

Ele tem razão. Entregue ao milagre do cotidiano, nota que nem sempre é capaz de prever as conseqüências de seus atos. Às vezes age sem saber que está agindo, salva sem saber que está salvando, sofre sem saber por que está triste.

Sim, esta vida é uma loucura. Mas a grande sabedoria do guerreiro da luz consiste em escolher bem a sua loucura.

O guerreiro da luz contempla as duas colunas que estão ao lado da porta que pretende abrir.

Uma se chama Medo, outra se chama Desejo. O guerreiro olha para a coluna do Medo, e ali está escrito: "Você vai entrar num mundo desconhecido e perigoso, onde tudo que aprendeu até agora não servirá para nada."

O guerreiro olha para a coluna do Desejo, e ali está escrito: "Você vai sair de um mundo conhecido, onde estão guardadas as coisas que sempre quis, e pelas quais lutou tanto."

O guerreiro sorri – porque não existe nada que o assuste, e nada que o prenda. Com a segurança de quem sabe o que quer, ele abre a porta.

Um guerreiro da luz pratica um poderoso exercício de crescimento interior: presta atenção em coisas que faz automaticamente – como respirar, piscar os olhos ou reparar nos objetos a sua volta.

Faz isto quando sente-se confuso. Assim, liberta-se das tensões, e deixa sua intuição trabalhar com mais liberdade – sem interferência de seus medos ou desejos. Certos problemas que pareciam insolúveis terminam sendo resolvidos, certas dores que julgava insuperáveis se dissipam sem esforço.

Quando precisa enfrentar uma situação difícil, usa esta técnica.

O guerreiro da luz escuta comentários como: "Eu não quero falar certas coisas, porque as pessoas são invejosas."

Ao ouvir isto, o guerreiro ri. A inveja não pode causar nenhum dano – se não for aceita. A inveja faz parte da vida, e todos precisam aprender a lidar com ela.

Entretanto, ele raramente fala dos seus planos. E às vezes as pessoas acham que tem medo da inveja.

Mas ele sabe que, cada vez que fala de um sonho, usa um pouco da energia deste sonho para se expressar. E, de tanto falar, corre o risco de gastar toda a energia necessária para agir.

Um guerreiro da luz conhece o poder das palavras.

O guerreiro da luz conhece o valor da persistência e da coragem.

Muitas vezes, durante o combate, ele recebe golpes que não estava esperando. E compreende que – durante a guerra – o inimigo vencerá algumas batalhas. Quando isto acontece, ele chora suas mágoas e descansa para recuperar um pouco as energias. Mas imediatamente volta a lutar por seus sonhos.

Porque, quanto mais tempo permanecer afastado, maiores são as chances de sentir-se fraco, medroso, intimidado. Quando um cavaleiro cai do cavalo e não torna a montá-lo no minuto seguinte, jamais terá coragem de fazê-lo novamente.

Um guerreiro sabe o que vale a pena.

Ele decide suas ações usando a inspiração e a fé. Entretanto, encontra pessoas que o chamam para atuar em lutas que não são as suas, em campos de batalha que ele não conhece – ou que não lhe interessam. Elas querem envolver o guerreiro da luz em desafios que são importantes para elas – mas não para ele.

Muitas vezes são pessoas próximas, que gostam do guerreiro, confiam na sua força, e – como estão ansiosas – querem sua ajuda de qualquer maneira.

Nestes momentos, ele sorri e demonstra o seu amor – mas não aceita a provocação.

Um verdadeiro guerreiro da luz sempre escolhe seu campo de batalha.

O guerreiro da luz sabe perder.

Ele não trata a derrota como algo indiferente, usando frases como "bem, isto não era tão importante" ou "na verdade, eu não queria mesmo isto". Aceita a derrota como uma derrota – e não tenta transformá-la em vitória.

Amarga a dor dos ferimentos, a indiferença dos amigos, a solidão da perda. Nestes momentos, diz para si mesmo: "Lutei por algo e não consegui. Perdi a primeira batalha."

Esta frase lhe dá novas forças. Ele sabe que ninguém ganha sempre – e sabe distinguir os seus acertos dos seus erros.

Quando se quer uma coisa, o Universo inteiro conspira a favor. O guerreiro da luz sabe disso.

Por esta razão, toma muito cuidado com seus pensamentos. Escondidos debaixo de uma série de boas intenções, estão sentimentos que ninguém ousa confessar a si mesmo: vingança, autodestruição, culpa, o medo da vitória, a alegria macabra com a tragédia dos outros.

O Universo não julga: conspira a favor do que desejamos. Por isso, o guerreiro tem coragem de olhar para as sombras de sua alma, e ver se não está pedindo nada errado para si mesmo.

E toma sempre muito cuidado com o que pensa.

Jesus dizia: "Que o seu sim seja sim, e que o seu não seja não." Quando o guerreiro assume uma responsabilidade, mantém sua palavra.

Os que prometem – e não cumprem – perdem o respeito próprio, têm vergonha de seus atos. A vida destas pessoas consiste em fugir; elas gastam muito mais energia dando uma série de desculpas para desonrar o que disseram, do que o guerreiro da luz usa para manter seus compromissos.

Às vezes também ele assume uma responsabilidade boba, que resultará em prejuízo. Não torna a repetir esta atitude – mas, mesmo assim, honra o que disse e paga o preço de sua impulsividade.

Quando vence uma batalha, o guerreiro comemora.

Esta vitória custou momentos difíceis, noites de dúvidas, intermináveis dias de espera. Desde os tempos antigos, celebrar um triunfo faz parte do próprio ritual da vida: a comemoração é um rito de passagem.

Os companheiros olham a alegria do guerreiro da luz, e pensam: "Por que faz isto? Pode decepcionar-se em seu próximo combate. Pode atrair a fúria do inimigo."

Mas o guerreiro sabe o motivo de seu gesto. Ele se beneficia do melhor presente que a vitória é capaz de trazer: confiança.

Celebra hoje sua vitória de ontem, para ter mais forças na batalha de amanhã.

Um dia, sem qualquer aviso, o guerreiro descobre que luta sem o mesmo entusiasmo de antes.

Continua fazendo tudo que fazia, mas cada gesto parece que perdeu o sentido. Neste momento, ele só tem uma escolha: continuar praticando o Bom Combate. Faz as suas preces por obrigação, ou por medo, ou seja lá por que motivo for – mas não interrompe o seu caminho.

Sabe que o anjo Daquele que o inspira está dando um passeio. O guerreiro mantém a atenção voltada para sua luta, e insiste – mesmo quando tudo parece inútil. Daqui a pouco, o anjo retorna, e o simples barulho de suas asas trará sua alegria de volta.

Um guerreiro da luz compartilha com os outros o que sabe do caminho.

Quem ajuda sempre é ajudado, e precisa ensinar o que aprendeu. Por isso, ele senta-se ao redor da fogueira e conta como foi o seu dia de luta.

Um amigo sussurra: "Por que falar tão abertamente de sua estratégia? Não vê que, agindo assim, corre o risco de ter que dividir suas conquistas com os outros?"

O guerreiro apenas sorri, e não responde. Sabe que, se chegar ao final da jornada num paraíso vazio, sua luta não terá valido a pena.

O guerreiro da luz aprendeu que Deus usa a solidão, para ensinar a convivência.

Usa a raiva, para mostrar o infinito valor da paz. Usa o tédio, para ressaltar a importância da aventura e do abandono.

Deus usa o silêncio, para ensinar sobre a responsabilidade das palavras. Usa o cansaço, para que se possa compreender o valor do despertar. Usa a doença, para ressaltar a bênção da saúde.

Deus usa o fogo para ensinar sobre a água. Usa a terra, para que se compreenda o valor do ar. Usa a morte, para mostrar a importância da vida.

O guerreiro da luz dá antes que lhe peçam.

Quando vêem isto, alguns companheiros comentam: "Quem está precisando, pede."

Mas o guerreiro sabe que existe muita gente que não consegue – simplesmente não consegue – pedir ajuda. Ao seu lado existem pessoas cujo coração está tão frágil que começam a viver amores doentios; estão com fome de afeto, e têm vergonha de demonstrar isto.

O guerreiro as reúne em volta da fogueira, conta histórias, divide seu alimento, embriaga-se junto com elas. No dia seguinte, todos sentem-se melhor.

Aqueles que olham a miséria com indiferença são os mais miseráveis.

As cordas que estão sempre tensas terminam desafinando.

Os guerreiros que estão sempre treinando perdem a espontaneidade na luta. Os cavalos que sempre saltam obstáculos terminam quebrando a perna. Os arcos que são curvados todos os dias já não atiram suas flechas com a mesma força.

Por isso, mesmo que não esteja disposto, o guerreiro da luz procura se divertir com as pequenas coisas do dia-a-dia.

O guerreiro da luz escuta Lao Tzu, quando ele diz que devemos nos desligar da idéia de dias e horas, para prestar cada vez mais atenção ao minuto.

Só assim, ele consegue resolver certos problemas antes que eles aconteçam; prestando atenção nas pequenas coisas, consegue evitar grandes calamidades.

Mas pensar nas pequenas coisas não significa pensar pequeno. Uma preocupação exagerada termina eliminando qualquer traço de alegria da vida.

O guerreiro sabe que um grande sonho é composto de muitas coisas diferentes, assim como a luz do sol é a soma de seus milhões de raios.

Há momentos em que o caminho do guerreiro passa por períodos de rotina.

Então ele aplica um ensinamento de Nachman de Bratzlav: "Se você não consegue meditar, deve repetir apenas uma simples palavra, porque isto faz bem à alma. Não diga nada mais, apenas repita esta palavra sem parar, incontáveis vezes. Ela terminará perdendo seu sentido, e depois ganhará um significado novo. Deus abrirá as portas, e você terminará usando esta simples palavra para dizer tudo o que queria."

Quando é forçado a fazer a mesma tarefa várias vezes, o guerreiro utiliza esta tática, e transforma o seu trabalho em oração.

Um guerreiro da luz não tem "certezas", mas um caminho a seguir – ao qual procura adaptar-se de acordo com o tempo.

Luta no verão com equipamentos e técnicas diferentes da luta no inverno. Sendo flexível, ele não julga mais o mundo na base do "certo" e "errado", e sim na base da "atitude mais apropriada para aquele momento".

Sabe que seus companheiros também têm que se adaptar, e não fica surpreso quando eles só mudam de atitude. Dá a cada um o tempo necessário para justificar suas ações.

Mas é implacável com a traição.

Um guerreiro senta-se ao redor da fogueira com seus amigos.

Passam horas acusando-se mutuamente, mas terminam a noite dormindo na mesma tenda, e esquecendo as ofensas que foram ditas. De vez em quando, aparece um recém-chegado no grupo. Porque ainda não tem uma história em comum, mostra apenas suas qualidades, e alguns o vêem como um mestre.

Mas o guerreiro da luz jamais o compara com seus velhos companheiros de batalha. O estrangeiro é bem-vindo, mas só confiará nele quando souber também os seus defeitos.

Um guerreiro da luz não entra numa batalha sem conhecer os limites de seu aliado.

O guerreiro conhece uma velha expressão popular: "Se arrependimento matasse..."

E sabe que arrependimento mata; vai lentamente corroendo a alma de quem fez algo errado, e leva à autodestruição.

O guerreiro não quer morrer desta maneira. Quando age com perversidade ou maldade – porque é um homem cheio de defeitos – ele não tem vergonha de pedir perdão.

Se ainda é possível, usa seus esforços para reparar o mal que fez. Se a pessoa a quem atingiu já está morta, ele faz o bem a um estranho, e oferece a tarefa em intenção à alma de quem feriu.

Um guerreiro da luz não se arrepende, porque arrependimento mata. Ele humilha-se, e conserta o mal que causou.

Todos os guerreiros da luz já escutaram a mãe dizendo: "Meu filho fez isto porque perdeu a cabeça, mas – no fundo – é uma pessoa muito boa."

Embora respeite sua mãe, ele sabe que não é assim. Não fica se culpando por seus atos impensados, e tampouco vive se perdoando por tudo de errado que faz – pois desta maneira jamais corrigirá seu caminho.

Ele usa o bom senso para julgar o resultado de seus atos – e não as intenções que teve ao executá-lo. Assume tudo o que faz, mesmo que pague um preço alto por seu erro.

Diz um velho provérbio árabe: "Deus julga a árvore por seus frutos, e não por suas raízes."

Antes de tomar uma decisão importante – declarar uma guerra, mudar-se com seus companheiros para outra planície, escolher um campo para semear – o guerreiro pergunta a si mesmo: "Como isto irá afetar a quinta geração de meus descendentes?"

Um guerreiro sabe que os atos de cada pessoa têm conseqüências que se prolongam por muito tempo, e precisa saber que mundo está deixando para a sua quinta geração.

"Não faça tempestades num copo d'água", alguém adverte o guerreiro da luz.

Mas ele nunca exagera um momento difícil, e procura sempre manter a calma necessária.

Entretanto, não julga a dor alheia.

Um pequeno detalhe – que em nada o afeta – pode servir de estopim para a tormenta que se preparava na alma de seu irmão. O guerreiro respeita o sofrimento do próximo, e não tenta compará-lo com o seu.

A taça de sofrimentos não é do mesmo tamanho para todo mundo.

"A primeira qualidade do caminho espiritual é a coragem", dizia Gandhi.

O mundo parece ameaçador e perigoso para os covardes. Estes procuram a segurança mentirosa de uma vida sem grandes desafios, e se armam até os dentes para defender aquilo que julgam possuir. Os covardes terminam construindo as grades da própria prisão.

O guerreiro da luz projeta seu pensamento para além do horizonte. Sabe que, se não fizer nada pelo mundo, ninguém mais o fará.

Então, participa do Bom Combate, e ajuda os outros, mesmo sem entender direito por que faz isto.

O guerreiro da luz lê com atenção um texto que a Alma do Mundo enviou a Chico Xavier:

"Quando você conseguir superar graves problemas de relacionamento, não se detenha na lembrança dos momentos difíceis, mas na alegria de haver atravessado mais esta prova em sua vida. Quando sair de um longo tratamento de saúde, não pense no sofrimento que foi necessário enfrentar, mas na bênção de Deus que permitiu a cura.

"Leve na sua memória, para o resto da vida, as coisas boas que surgiram nas dificuldades. Elas serão uma prova de sua capacidade, e lhe darão confiança diante de qualquer obstáculo."

O guerreiro da luz concentra-se nos pequenos milagres da vida diária.

Se é capaz de ver o que é belo, é porque traz a beleza dentro de si – já que o mundo é um espelho, e devolve a cada homem o reflexo de seu próprio rosto. Embora conhecendo seus defeitos e limitações, o guerreiro faz o possível para manter o bom humor nos momentos de crise.

Afinal de contas, o mundo está se esforçando para ajudá-lo, mesmo que tudo em volta pareça dizer o contrário.

Existe um lixo emocional: ele é produzido nas usinas do pensamento. São dores que já passaram, e agora não têm mais utilidade. São precauções que foram importantes no passado – mas de nada servem no presente.

O guerreiro também possui suas lembranças, mas consegue separar o que é útil do que é desnecessário: ele joga fora o seu lixo emocional.

Diz um companheiro: "Mas isto faz parte de minha história. Por que devo abandonar sentimentos que marcaram minha existência?"

O guerreiro sorri, mas não procura sentir coisas que já não está mais sentindo. Ele está mudando – e quer que seus sentimentos o acompanhem.

Diz o mestre para o guerreiro, quando o vê deprimido:

"Você não é aquilo que aparece nos momentos de tristeza. Você é muito mais que isso.

"Enquanto muitos partiram – por razões que nunca vamos compreender– você continua aqui. Por que Deus levou pessoas tão incríveis e deixou você?

"Neste momento, milhões de pessoas já desistiram. Não se aborrecem, não choram, não fazem mais nada; apenas esperam o tempo passar. Perderam a capacidade de reagir.

"Você, porém, está triste. Isto prova que sua alma continua viva."

Às vezes, no meio de uma batalha que parece não ter fim, o guerreiro tem uma idéia e consegue vencer em matéria de segundos.

Então pensa: "Por que sofri tanto tempo, num combate que já podia ter sido resolvido com metade da energia que gastei?"

Na verdade, todo problema – depois de resolvido – parece muito simples. A grande vitória, que hoje parece fácil, foi o resultado de uma série de pequenas vitórias que passaram despercebidas.

Então o guerreiro entende o que aconteceu, e dorme tranqüilo. Em vez de culpar-se pelo fato de haver demorado tanto tempo para chegar, alegra-se por saber que terminou chegando.

Existem dois tipos de prece.

O primeiro tipo é aquele no qual se pede que determinadas coisas aconteçam, tentando dizer a Deus o que Ele deve fazer. Não se dá nem tempo nem espaço para o Criador atuar. Deus – que sabe muito bem o que é melhor para cada um – vai continuar agindo como Lhe convém. E aquele que reza fica com a sensação de que não foi ouvido.

O segundo tipo de prece é aquele em que, mesmo sem compreender os caminhos do Alto, o homem deixa que se cumpram em sua vida os desígnios do Criador. Pede para ser poupado do sofrimento, pede alegria no Bom Combate, mas não esquece de dizer em nenhum momento: "Seja feita a Vossa vontade."

O guerreiro da luz reza desta segunda maneira.

O guerreiro sabe que as palavras mais importantes em todas as línguas são palavras pequenas.

Sim. Amor. Deus.

São palavras que saem com facilidade e preenchem gigantescos espaços vazios.

Entretanto, existe uma palavra – também muito pequena – que muita gente tem dificuldade em dizer: não.

Quem jamais diz não, acha-se generoso, compreensivo, educado; porque o não tem fama de maldito, egoísta, pouco espiritual.

O guerreiro não cai nesta armadilha. Há momentos em que – ao dizer sim para os outros – ele pode estar dizendo não para si mesmo.

Por isso, jamais diz um sim com os lábios, se o seu coração está dizendo não.

Primeiro: Deus é sacrifício. Sofra nesta vida, e será feliz na próxima.

Segundo: quem se diverte é criança. Viva sob tensão.

Terceiro: os outros sabem o que é melhor para nós, porque têm mais experiência.

Quarto: nossa obrigação é deixar os outros contentes. É preciso agradá-los, mesmo que isto signifique renúncias importantes.

Quinto: é preciso não beber da taça da felicidade, senão podemos gostar – e nem sempre a teremos em nossas mãos.

Sexto: é preciso aceitar todos os castigos. Somos culpados.

Sétimo: o medo é um alerta. Não vamos correr riscos.

Estes são os mandamentos a que nenhum guerreiro da luz pode obedecer.

Um grupo muito grande de pessoas está no meio da estrada, barrando o caminho que leva ao Paraíso.

O puritano pergunta: "Por que os pecadores?"

E o moralista berra: "A prostituta quer fazer parte do banquete!"

Grita o guardião dos valores sociais: "Como perdoar a mulher adúltera se ela pecou?"

O penitente rasga suas roupas: "Por que curar um cego que só pensa em sua doença e nem sequer agradece?"

Esperneia o asceta: "Tu deixas que a mulher derrame em teus cabelos um óleo caro! Por que não vendê-lo e comprar comida?"

Sorrindo, Jesus segura a porta aberta. E os guerreiros da luz entram, independentemente da gritaria histérica.

O adversário é sábio.

Sempre que pode, lança mão de sua arma mais fácil e mais efetiva: a intriga. Quando a utiliza, não precisa fazer muito esforço – porque outros estão trabalhando para ele. Com palavras mal dirigidas, são destruídos meses de dedicação, anos em busca de harmonia.

Freqüentemente o guerreiro da luz é vítima desta armadilha. Não sabe de onde vem o golpe, e não tem como provar que a intriga é falsa. A intriga não permite o direito de defesa: condena sem julgamento.

Então ele agüenta as conseqüências e as punições imerecidas – pois a palavra tem poder, e ele sabe disto. Mas sofre em silêncio, e jamais usa a mesma arma para atacar seu adversário.

Um guerreiro da luz não é covarde.

"Dai ao tolo mil inteligências, e ele não quererá senão a tua", diz o provérbio árabe. Quando o guerreiro da luz começa a plantar o seu jardim, repara que o vizinho está ali, espiando. Ele gosta de dar palpites sobre como semear as ações, adubar os pensamentos, regar as conquistas.

Se der atenção ao que ele está dizendo, terminará fazendo um trabalho que não é o seu; o jardim de que agora cuida será idéia do vizinho.

Mas um verdadeiro guerreiro da luz sabe que cada jardim tem seus mistérios, que só a mão paciente do jardineiro é capaz de decifrar. Por isso, prefere concentrar-se no sol, na chuva, nas estações.

Sabe que o tolo que dá palpites sobre o jardim alheio não está cuidando de suas plantas.

Para lutar, é preciso manter os olhos abertos. E ter companheiros fiéis ao seu lado.

Acontece que, de repente, aquele que lutava junto com o guerreiro da luz passa a ser seu adversário.

A primeira reação é de ódio; mas o guerreiro sabe que o combatente cego está perdido no meio da batalha.

Então procura ver as coisas boas que o antigo aliado fez durante o tempo em que conviveram; tenta compreender o que o levou à súbita mudança de atitude, quais os ferimentos que se acumularam em sua alma. Busca descobrir o que fez um dos dois desistir do diálogo.

Ninguém é totalmente bom ou mau; o guerreiro pensa nisto, quando vê que tem um novo adversário.

Um guerreiro sabe que os fins não justificam os meios.

Porque não existem fins; existem apenas os meios. A vida o carrega do desconhecido para o desconhecido. Cada minuto está revestido deste apaixonante mistério: o guerreiro não sabe de onde veio, nem para onde vai.

Mas não está aqui por acaso. E se alegra com a surpresa, encanta-se com paisagens que não conhece. Muitas vezes sente medo, mas isto é normal em um guerreiro.

Se ele pensar apenas na meta, não conseguirá prestar atenção aos sinais do caminho. Se concentrar-se em apenas uma pergunta, perderá várias respostas que estão ao seu lado.

Por isso o guerreiro se entrega.

O guerreiro sabe que existe o "efeito cascata".

Já viu muitas vezes alguém agindo errado com quem não tinha coragem de reagir. Então, por covardia e ressentimento, esta pessoa descontou sua raiva em outro mais fraco, que descontou em outro, numa verdadeira corrente de infelicidade. Ninguém sabe as conseqüências de suas próprias crueldades.

Por isso o guerreiro é cuidadoso no uso da espada, e só aceita um adversário que é digno dele. Nos momentos de raiva, ele dá socos na rocha e machuca a mão.

A mão termina sarando; mas a criança que terminou apanhando porque seu pai perdeu um combate terminará marcada pelo resto da vida.

Quando vem a ordem de mudança, o guerreiro vê todos os amigos que criou durante o tempo que seguiu o caminho. A alguns ensinou como escutar os sinos de um templo submerso, a outros contou histórias em torno da fogueira.

Seu coração fica triste; mas ele sabe que sua espada está consagrada, e deve obedecer às ordens Daquele a quem ofereceu sua luta.

Então o guerreiro da luz agradece aos companheiros de jornada, respira fundo e segue adiante, carregado com lembranças de uma jornada inesquecível.

Epílogo

Já era noite quando ela acabou de falar. Os dois ficaram olhando a lua que nascia.

"Muitas coisas do que me disse se contradizem entre si", disse ele.

Ela levantou-se.

"Adeus", disse. "Você sabia que os sinos no fundo do mar não eram uma lenda; mas só foi capaz de escutá-los quando percebeu que o vento, as gaivotas, o barulho das folhas de palmeira, tudo aquilo era parte do badalar dos sinos.

"Da mesma maneira, o guerreiro da luz sabe que tudo a sua volta – suas vitórias, suas derrotas, seu entusiasmo e seu desânimo – faz parte do seu Bom Combate. E saberá usar a estratégia certa, no momento em que precisar. Um guerreiro não procura ser coerente; ele aprendeu a viver com as suas contradições."

"Quem é você?", perguntou.

Mas a mulher já se afastava, caminhando sobre as ondas, em direção à lua que nascia.

OBRAS DO AUTOR

O DIÁRIO DE UM MAGO (1987)

O ALQUIMISTA (1988)

BRIDA (1990)

AS VALKÍRIAS (1992)

NA MARGEM DO RIO PIEDRA EU SENTEI E CHOREI (1994)

MAKTUB (1994)

O MONTE CINCO (1995)

O MANUAL DO GUERREIRO DA LUZ (1997)

VERONIKA DECIDE MORRER (1998)

O DEMÔNIO E A SRTA. PRYM (2000)

HISTÓRIAS PARA PAIS, FILHOS E NETOS (2001)

ONZE MINUTOS (2003)

Paulo Coelho na Web
http://www.paulocoelho.com.br

Este livro foi composto na DFL Ltda.
Rua Leandro Martins, 22 – sala 712 – Centro – Rio de Janeiro – RJ
e impresso na Editora JPA Ltda. Av. Brasil, 10.600 – Penha – Rio de Janeiro – RJ
para a Editora Rocco Ltda.